Hans Jürgen Heringer

Der kleine Schopenhauer

Im Dialog mit sich selbst

Zu diesem Buch

Mindestens seit Plato sind philosophische Dialoge Tradition – und natürlich Fiktion. Seien es Cicero, Augustinus, Hume oder kurze Selbstgespräche bei Wittgenstein. Aphorismen und Sinnsprüche sind gleich beliebt. Seien es Meister Eckhart, Logau oder Lichtenberg.

Dies hier nimmt als Quelle die Aphorismen zur Lebensweisheit und bleibt purer Schopenhauer – sorry, mit kleinen Versatzstücken.

Hans Jürgen Heringer

Der kleine Schopenhauer

Im Dialog mit sich selbst

mykum

Bibliographische Information der Deutschen Nationalbibliothek

Die Deutsche Nationalbibliothek verzeichnet diese Publikation in der Deutschen Nationalbibliographie; detaillierte bibliographische Daten sind im Internet über http://dnb.dnb.de abrufbar.

Auf der Bornau 29

56321 Brey

GERMANY

Illustrationen von Aleksandra Djordjevic

Druck und Endverarbeitung:

Books on Demand (BoD), 22848 Norderstedt

Printed in Germany

ISBN 978-3-9819884-3-7

Inhalt

1. Von dem

Was einer hat

Was einer vorstellt

Was einer ist

2. Von den Menschen

3. Vom Leben und

Lebensweisheiten

4. Vom Lauf des Lebens

1.

Von dem

Was einer hat

Was einer vorstellt

Was einer ist

Herr Schopenhauer, wiedergeboren und doch nicht zurückgewandert. Ich freue mich, dass Sie nach all den Jahren heute zu einem Gespräch wieder hier sind.

Sie haben sich wiederholt so geäußert: „Taten vergehn, Werke bestehn" – oder so ähnlich. Sie wenigstens leben in diesem Sinne ewig. In jeder Lektüre, für jeden Leser erleben Sie eine Wiedergeburt. Darf ich Ihnen hier eine Art Rollenspiel vorschlagen? Sie in einer Doppelrolle: Ich als Sie und Sie als Sie?

So leben wir zwiefach, sind Zuschauer und Schauspieler zugleich.

Wie für viele Philosophen war für Sie wichtig: die Anweisung zu einem glücklichen Dasein. Mittlerweile gibt es genau dafür auch die Anleitungen zum Unglücklich sein.

Im Allgemeinen freilich haben die Weisen aller Zeiten immer dasselbe gesagt, und die Toren, d. h. die unermessliche Majorität aller Zeiten, haben immer dasselbe,
nämlich das Gegenteil, getan.

Darum sagt Voltaire: Nous laisserons ce monde-ci aussi sot et aussi méchant que nous l'avons trouvé en y arrivant.

Könnten Sie uns das übersetzen?

Wir verlassen diese Welt hier so blöd, wie wir sie fanden, als wir zu ihr gekommen sind.

Aristoteles hat die Güter des menschlichen Lebens in drei Klassen geteilt, – die äußeren, die der Seele und die des Leibes.

Die Dreizahl beibehaltend sage ich, dass, was den Unterschied im Lose der Sterblichen begründet, sich auf drei Grundbestimmungen zurückführen lässt:

- Was einer ist
- Was einer hat
- Was einer vorstellt

Das erste wäre wohl die Persönlichkeit, im weitesten Sinne: Gesundheit, Kraft, Schönheit, Temperament, moralischer Charakter, Intelligenz und Ausbildung.

Ja, das zweite Eigentum und Besitz in jeglichem Sinne.

Und das dritte, was man in der Vorstellung anderer ist. Es besteht demnach in der anderen Meinung von einem und zerfällt in Ehre, Rang und Ruhm.

Die unter der ersten Rubrik zu betrachtenden Unterschiede sind solche, welche die Natur selbst zwischen Menschen gesetzt hat . . .

. . . woraus sich schon abnehmen lässt, dass der Einfluss derselben auf ihr Glück, oder Unglück, viel wesentlicher und durchgreifender sein werde, als die der zwei folgenden Rubriken.

Ganz gewöhnlich ist nun der Blick auf das, was einer hat. Können wir vielleicht damit beginnen? Auch hier hat schon Epikur die menschlichen Bedürfnisse in drei Klassen geteilt.

Ja, erstlich, die natürlichen und die notwendigen: Es sind die, welche, wenn nicht befriedigt, Schmerz verursachen.

Zweitens, die natürlichen, jedoch nicht notwendigen: Es ist das Bedürfnis der Geschlechtsbefriedigung. Dieses Bedürfnis zu befriedigen hält schon schwerer.

Drittens, die weder natürlichen noch notwendigen: Es sind die des Luxus, der Üppigkeit, des Prunkes und Glanzes: Sie sind endlos und ihre Befriedigung ist sehr schwer.

Tröstet nun den Reichen das viele nicht, was er schon besitzt?

Der Reichtum gleicht dem Seewasser: Je mehr man davon trinkt, desto durstiger wird man. – Das Selbe gilt vom Ruhm.

Ist Reichtum somit relativ?

Dass nach verlorenem Reichtum oder Wohlstande, sobald der erste Schmerz überstanden ist, unsre habituelle Stimmung nicht sehr verschieden von der früheren ausfällt, kommt daher, dass, nachdem das Schicksal den Faktor unseres Besitzes verkleinert hat, wir selbst nun den Faktor unsrer Ansprüche gleich sehr vermindern.

Dass die Wünsche der Menschen hauptsächlich auf Geld gerichtet sind und sie dieses über alles lieben, wird ihnen oft zum Vorwurf gemacht.

Jedoch ist es natürlich, wohl gar unvermeidlich, das zu lieben, was jeden Augenblick bereit ist, sich in den jedesmaligen Gegenstand unsrer so wandelbaren Wünsche und mannigfaltigen Bedürfnisse zu verwandeln.

Geld allein ist das absolut Gute, weil es nicht bloß einem Bedürfnis in concreto begegnet, sondern dem Bedürfnis überhaupt, in abstracto.

Sie missachten als keineswegs Kapital und Vermögen?

Ich glaube keineswegs, etwas meiner Feder Unwürdiges zu tun, indem ich hier die Sorge für Erhaltung des erworbenen und des ererbten Vermögens anempfehle. Denn von Hause aus so viel zu besitzen, dass man, wäre es auch nur für seine Person und ohne Familie, in wahrer Unabhängigkeit, das heißt ohne zu arbeiten, bequem leben kann, ist ein unschätzbarer Vorzug: Denn es ist die Emanzipation vom allgemeinen Frondienst, diesem naturgemäßen Lose des Erdensohns.

Nur unter dieser Begünstigung des Schicksals ist man als ein wahrer Freier geboren?

Seinen höchsten Wert aber erlangt das angeborene Vermögen, wenn es dem zugefallen ist, der mit geistigen Kräften höherer Art ausgestattet, Bestrebungen verfolgt, die sich mit dem Erwerbe nicht wohl vertragen: denn alsdann ist er vom Schicksal doppelt dotiert und kann jetzt seinem Genius leben: der Menschheit aber wird er seine Schuld dadurch hundertfach abtragen, dass er leistet was kein Anderer konnte und etwas hervorbringt, das ihrer Gesamtheit zugute kommt, wohl auch gar ihr zur Ehre gereicht.

Wäre es im Grunde wohl besser, ohne alles Vermögen in die Welt gestoßen zu sein?

Der wäre nur abhängig, verbeugt sich oft und anhaltend genug, und seine Bücklinge erreichen volle 90°, nur er lässt alles über sich ergehn und lächelt dazu.

Weil er kein wahrer Freier ist?

Nur er erkennt die gänzliche Wertlosigkeit der Verdienste, nur er preist öffentlich, mit lauter Stimme oder auch in großem Druck, die literarischen Stümpereien der über ihn Gestellten oder sonst Einflussreichen als Meisterwerke, nur er versteht zu betteln. Hingegen der, welcher von Hause aus zu leben hat, wird sich meistens ungebärdig stellen.

So ist der am Ende wohl gar imstande, die Inferiorität der über ihn Gestellten zu merken. Und zu erkennen . . .

Reichtum, das heißt großer Überfluss, vermag wenig zu unserm Glück.

. . . ganz gewiss, was man ist, viel mehr zu unserm Glücke beiträgt, als was man hat.

Ja.

Übrigens, von dem was einer hat, habe ich Frau und Kinder nicht gerechnet, da er von diesen vielmehr gehabt wird.

Na ja, der Mensch für sich allein vermag gar wenig und ist ein verlassener Robinson, nur in der Gemeinschaft mit den andern ist und vermag er viel.

Dennoch: Viel zu viel Wert auf die Meinung anderer zu legen ist ein allgemein herrschender Irrwahn. Beispiel Lecomte . . . selbst bei seiner Hinrichtung war es ihm ein Hauptverdruss, dass man ihm nicht erlaubt hatte, sich vorher zu rasieren.

Zum Verständnis einer jeden Handlung gehört Kenntnis des Motivs derselben.

Wie steht es nun aber mit Stolz und Ruhm?

Stolz, die von innen ausgehende, folglich direkte Hochschätzung seiner selbst, hingegen Eitelkeit das Streben, solche von außen her, also indirekt zu erlangen.

Dem entsprechend macht die Eitelkeit gesprächig, der Stolz schweigsam. Oder?

Jeder erbärmliche Tropf, der nichts in der Welt hat, darauf er stolz sein könnte, ergreift das letzte Mittel, auf die Nation, der er gerade angehört, stolz zu sein.

Die wohlfeilste Art des Stolzes: der Nationalstolz.

Übrigens überwiegt die Individualität bei weitem die Nationalität.

Ja, eben jede.

Jede Nation spottet über die andere, und alle haben Recht. —

Und Ruhm und Ehre?

Ruhm und Ehre sind Zwillingsgeschwister.

Und doch verschieden.

Ruhm muss daher erst erworben werden: die Ehre hingegen braucht bloß nicht verloren zu gehn.

Aber man verdient sie doch auch.

Die Gehalte der Zivilbeamten, noch viel mehr aber die der Offiziere, stehen (von den höchsten Stellen abgesehn) weit unter dem Wert ihrer Leistungen.

Daraus folgt?

Der Staat ist nicht im Stande die Dienste seiner Offiziere und Zivilbeamten mit Geld zum Vollen zu bezahlen; daher lässt er die andere Hälfte ihres Lohnes in der Ehre bestehen.

Eine Art bare Münze.

Um nun diese ideale Vergütung ihrer Dienste im hohen Kurse zu erhalten, muss das Ehrgefühl auf alle Weise genährt, geschärft, allenfalls etwas überspannt werden.

Bei ihnen allen kann, was einer sagt oder tut, wohl seine eigene Ehre vernichten, aber nie die eines Andern.

Die ritterliche Ehre ist ein Kind des Hochmuts und der Narrheit.

Inwiefern?

Es konnte von jedem richterlichen Urteilsspruch immer noch an den Zweikampf, als die höhere Instanz, nämlich das Urteil Gottes, appelliert werden. Dadurch war nun eigentlich die physische Kraft und Gewandtheit, also die tierische Natur, statt der Vernunft, auf den Richterstuhl gesetzt, und über Recht oder Unrecht entschied nicht, was einer getan hatte . . .

. . . sondern was ihm widerfuhr.

Unseren deutschen Puristen schlage ich daher für das Wort *Duell*, welches wahrscheinlich nicht vom lateinischen *duellum*, sondern vom spanischen *duelo*, Leid, Klage, Beschwerde, herkommt, die Benennung Ritterhetze vor.

Etwas stark?

Dieses sich absichtlich gegenseitig in den Fall der Notwehr versetzen, heißt im Grunde nur, einen plausiblen Vorwand für den Mord suchen.

Wahrheit, Kenntnis, Verstand, Geist, Witz müssen einpacken und sind aus dem Felde geschlagen von der göttlichen Grobheit.

Jede Grobheit ist eigentlich eine Appellation an die Tierheit.

Keine Moral?

Der Gröbste hat allemal Recht: quid multa? Welche Dummheit, Ungezogenheit, Schlechtigkeit einer auch begangen haben mag.

Der altdeutsche Grundsatz „auf eine Maulschelle gehört ein Dolch" ist ein empörender ritterlicher Aberglaube.

Ein Schlag ist und bleibt ein kleines physisches Übel, welches jeder Mensch dem andern verursachen kann, dadurch aber weiter nichts beweist, als dass er stärker oder gewandter sei oder dass der andere nicht auf seiner Hut gewesen.

Sogar aber lehrt ein unbefangener Blick auf die Natur des Menschen, dass diesem das Prügeln so natürlich ist, wie den reißenden Tieren das Beißen und dem Hornvieh das Stoßen.

Er ist eben ein prügelndes Tier.

Noch ein Wort zum Ruhm?

Ruhm wird nicht von einer Instanz entschieden, sondern es findet Appellation statt.

In der Regel wird sogar der Ruhm, je länger er zu dauern hat, desto später eintreten, wie ja alles Vorzügliche langsam heranreift.

Was jeder verstehn und schätzen kann?

Nun aber ist dem Platten das Platte, dem Gemeinen das Gemeine, dem Unklaren das Verworrene, dem Hirnlosen das Unsinnige homogen, und am allerbesten gefallen jedem seine eigenen Werke.

Denn die Ehre können und wollen wir mit jedem teilen: der Ruhm wird geschmälert oder erschwert, durch jeden, der ihn erlangt.

Also nicht der Ruhm, sondern das, wodurch man ihn verdient, ist das Wertvolle?

Ehre, Glanz, Rang, Ruhm, so viel Wert auch mancher darauf legen mag, können mit jenem wesentlichen Guten nicht kompetieren, noch es ersetzen.

Was einer ist, in welcher Art und Weise es auch sei, das ist er zuvörderst und hauptsächlich für sich selbst.

Denn das Beste, was jeder ist, muss er notwendig für sich selbst sein.

Wäre hingegen die Bewunderung selbst die Hauptsache, so wäre das Bewunderte ihrer nicht wert.

Der Wert des Nachruhms liegt also im Verdienen desselben, und dieses ist sein eigener Lohn. Aber nicht bei Zeitgenossen.

Würde wohl ein Virtuose sich geschmeichelt fühlen durch das laute Beifallsklatschen seines Publikums, wenn ihm bekannt wäre, dass es, bis auf einen oder zwei, aus lauter völlig Tauben bestände?

Von den Taten bleibt nur das Andenken, welches immer schwächer, entstellter und gleichgültiger wird, allmählich sogar erlöschen muss.

Die Werke hingegen sind selbst unsterblich, und können, zumal die schriftlichen, alle Zeiten durchleben.

Das Eigentliche wäre, was einer ist.

Hieraus also ist klar, wie sehr unser Glück abhängt von dem, was wir sind, von unserer Individualität.

Dass dieses zu seinem Glücke viel mehr beiträgt, als was er hat oder was er vorstellt, haben wir bereits im Allgemeinen erkannt. Kommt es nicht immer darauf an, was einer sei und demnach an sich selber habe?

Was einer in sich ist und an sich selber hat, kurz die Persönlichkeit und deren Wert, ist das alleinige Unmittelbare zu seinem Glück und Wohlsein.

Ferner ist allein die Beschaffenheit des Bewusstseins das Bleibende und Beharrende, und die Individualität wirkt fortdauernd.

Also wieder die Individualität!

Die Welt, in der jeder lebt, hängt zunächst ab von seiner Auffassung derselben, richtet sich daher nach der Verschiedenheit der Köpfe: Dieser gemäß wird sie arm, schal und flach oder reich, interessant und bedeutungsvoll ausfallen.

Doch ändert sich nicht die Welt?

Das Schicksal kann sich bessern, aber die eigene Beschaffenheit nimmer.

Die Konstanz der Persönlichkeit!

Dieselbe Begebenheit, welche in einem geistreichen Kopfe sich so interessant darstellt, würde, von einem flachen Alltagskopf aufgefasst, auch nur eine schale Szene aus der Alltagswelt sein.

Und die anderen?

Jeder steckt in seinem Bewusstsein, wie in seiner Haut, und lebt unmittelbar nur in demselben: Daher ist ihm von außen nicht sehr zu helfen.

In einer Käfighaut.

Kein Trost.

Alle Pracht und Genüsse, abgespiegelt im dumpfen Bewusstsein eines Tropfs, sind sehr arm gegen das Bewusstsein des Cervantes, als er in einem unbequemen Gefängnisse den Don Quijote schrieb.

Wieder die Werke und die Person.

Aus seiner Individualität kann keiner heraus.

Nicht was die Dinge objektiv und wirklich sind, sondern was sie für uns, in unsrer Auffassung, sind, macht uns glücklich oder unglücklich.

. . . gerade das Streben und Ringen nach Glück, Glanz und Genuss es ist, was die großen Unglücksfälle herbeizieht.

Herr Schopenhauer, Sie sind ein Pessimist.

Wenn man den Zustand eines Menschen, seiner Glücklichkeit nach, abschätzen will, soll man nicht fragen nach dem, was ihn vergnügt, sondern nach dem, was ihn betrübt.

Seine Ansprüche, im Verhältnis zu seinen Mitteln jeder Art, möglichst niedrig zu stellen, ist demnach der sicherste Weg, großem Unglück zu entgehen.

Schmerzen vermeiden und mehr?

Daher ist für unsere Wohlfahrt Gesundheit das Wesentlichste, nächst dieser aber die Mittel zu unserer Erhaltung, also ein sorgenfreies Auskommen.

Was kann ich dafür tun?

Wer eben fröhlich ist, hat allemal Ursach es zu sein: nämlich eben diese, dass er es ist.

Dieserwegen also sollen wir der Heiterkeit, wann immer sie sich einstellt, Tür und Tor öffnen. Denn sie kommt nie zur unrechten Zeit.

Und was noch?

Je mehr einer an sich selber hat, desto weniger bedarf er von außen und desto weniger auch können die Übrigen ihm sein.

Die Zigarre ist ihm ein willkommenes Surrogat der Gedanken.

Besonders überwiegt die Gesundheit alle äußern Güter so sehr, dass wahrlich ein gesunder Bettler glücklicher ist, als ein kranker König.

Ohne tägliche gehörige Bewegung kann man nicht gesund bleiben.

= Wilhelm Busch

Das Leben besteht in der Bewegung und hat sein Wesen in ihr.

omnis motus, quo celerior, eo magis motus. Jede Bewegung, je schneller, umso mehr ist sie Bewegung.

Und wieder das ungeteilte Individuum?

Dem intellektuell hochstehenden Menschen gewährt die Einsamkeit einen zwiefachen Vorteil: erstlich den, mit sich selber zu sein, und zweitens den, nicht mit andern zu sein.

Je mehr einer an sich selbst hat, desto weniger bedarf er von außen.

Denn in der Einsamkeit, als wo jeder auf sich selbst zurückgewiesen ist, da zeigt sich, was er an sich selber hat.

Also irgendwie allein?

Einsamkeit ist das Los aller hervorragenden Geister.

Man ist in der Einsamkeit, wie der Fisch im Wasser.

Und stumm?

Ein geistreicher Mensch hat, in gänzlicher Einsamkeit, an seinen eigenen Gedanken und Phantasien vortreffliche Unterhaltung, während von einem stumpfen die fortwährende Abwechslung von Gesellschaften, Schauspielen, Ausfahrten und Lustbarkeiten die marternde Langeweile nicht abzuwehren vermag.

So ruht der Wille und der Intellekt feiert.

Ein Hauptstudium der Jugend sollte sein, die Einsamkeit ertragen zu lernen.

Man hat in der Welt nicht viel mehr, als die Wahl zwischen Einsamkeit und Gemeinheit.

Alle Lumpe sind gesellig.

Tun sie einem weh?

Der geistreiche Mensch wird vor allem nach Schmerzlosigkeit, Ungehudeltsein, Ruhe und Muße streben.

Abnormes Übergewicht der Sensibilität wird Ungleichheit der Stimmung, periodische übermäßige Heiterkeit und vorwaltende Melancholie herbeiführen.

Und nicht nach außen gewinnen, um nach innen zu verlieren.

Unser praktisches, reales Leben nämlich ist, wenn nicht die Leidenschaften es bewegen, langweilig und fade; wenn sie aber es bewegen, wird es bald schmerzlich.

Darum?

Im Reiche der Intelligenz waltet kein Schmerz, sondern alles ist Erkenntnis.

Und Ihr Fazit?

Nicht dem Vergnügen, der Schmerzlosigkeit geht der Vernünftige nach.

2.

Von den Menschen

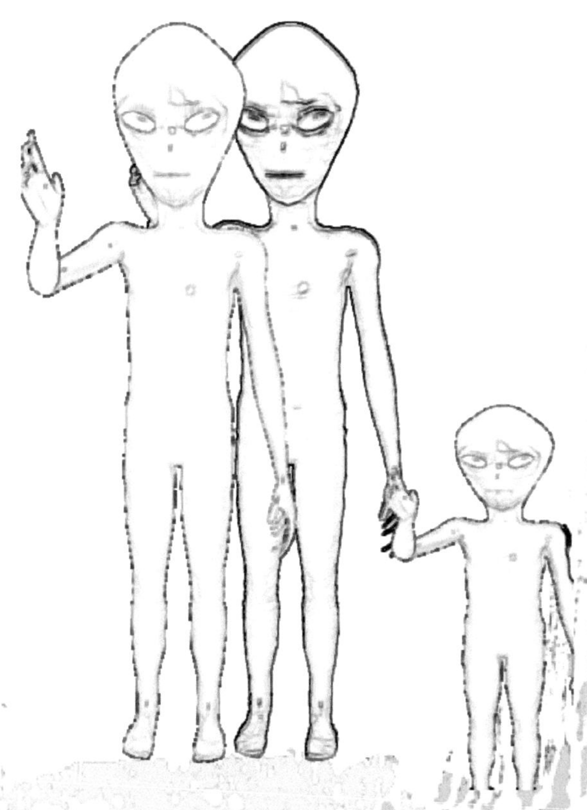

Kommen wir nun zu den Menschen.

Wer ein ganzer Mensch ist, ein Mensch par excellence, der stellt eine Einheit und keinen Bruch dar, hat daher an sich selbst genug.

Für immer?

Der Charakter ist schlechthin inkorrigibel, weil alle Handlungen des Menschen aus einem innern Prinzip fließen, vermöge dessen er stets das Gleiche tun muss und nicht anders kann.

Für alle?

Schon wo viele Gäste sind, ist viel Pack, — und hätten sie auch sämtlich Sterne auf der Brust.

Ja, aber . . .

Wer unter Menschen zu leben hat, darf keine Individualität, sofern sie doch ein Mal von der Natur gesetzt und gegeben ist, unbedingt verwerfen, auch nicht die schlechteste, erbärmlichste oder lächerlichste.

Ein großer Vorrat an Nachsicht!

Er hat sie vielmehr zu nehmen, als ein Unabänderliches, welches, infolge eines ewigen und metaphysischen Prinzips, so sein muss, wie es ist, und in den argen Fällen soll er denken: Es muss auch solche Käuze geben.

Ja, auch sie können ihren moralischen Charakter nicht ändern. Aber wie fühlen sie sich?

Wenn man den Zustand eines Menschen, seiner Glücklichkeit nach, abschätzen will, soll man nicht fragen nach dem, was ihn vergnügt, sondern nach dem, was ihn betrübt.

Und sich fügen?

Vorzügliche und edle Menschen werden jener Erziehung des Schicksals bald inne und fügen sich bildsam und dankbar in dieselbe: Sie sehen ein, dass in der Welt wohl Belehrung, aber nicht Glück zu finden sei, werden es sonach gewohnt und zufrieden, Hoffnungen gegen Einsichten zu vertauschen.

Mit Petrarka das einzige Vergnügen. Aber die gewöhnlichen Menschen?

Jeder kann dem Andern nur so viel sein, wie dieser ihm ist.

Jeder fasst und versteht nach seiner eigenen Intelligenz.

Keiner kann über sich sehn.

Jeder sieht am Andern nur so viel, als er selbst auch ist.

Und doch suchen wir alle nach Genuss, Glück und Freude.

Oft finden wir etwas ganz Anderes, ja Besseres, als wir suchten.

Dennoch sollten wir neuen Bekanntschaften nicht gleich mit einer günstigen Meinung gegenübertreten.

Gerade in Kleinigkeiten, als bei welchen der Mensch sich nicht zusammennimmt, zeigt er seinen Charakter.

Also Widerstände überwinden . . .

Sich zu mühen und mit Widerständen zu kämpfen ist dem Menschen Bedürfnis wie dem Maulwurf das Graben.

Das wäre der Vollgenuss des Daseins? Aber . . .

Wer seinen Pegasus ins Joch spannt und seine Muse mit der Peitsche antreibt, wird es auf analoge Weise büßen, wie der, welcher der Venus Zwangsdienste geleistet hat.
Weil wir immer auf die vor uns schauen?

Neid ist dem Menschen natürlich; dennoch ist er ein Laster und ein Unglück zugleich.

Darum schon Seneca: „. . . denke an die, die hinter dir kommen".

Der Neid der Menschen zeigt an, wie unglücklich sie sich fühlen.

Sollten wir also ganz bei uns selbst bleiben?

Einen großartigen Beweis von der erbärmlichen Subjektivität der Menschen, in Folge welcher sie alles auf sich beziehen und von jedem Gedanken sogleich in gerader Linie auf sich zurückgehen, liefert die Astrologie, welche den Gang der großen Weltkörper auf das armselige Ich bezieht.

Nur, das Unangenehme ruminieren wir nicht gern. Wir kauen nicht gern dran rum.

Daher also wird ebenfalls viel Unangenehmes vergessen.

Das macht unsere Erinnerung so kurz. Aber . . .

Alles, alles kann einer vergessen, nur nicht sich selbst, sein eigenes Wesen.

Und darum nochmal.

. . . das Unangenehme ruminieren wir nicht gern, am wenigsten aber dann, wann es unsere Eitelkeit verwundet.

Aber sollten wir Vergangenes nicht doch vergessen?

Vergeben und Vergessen heißt gemachte kostbare Erfahrungen zum Fenster hinauswerfen.

Denn?

Dafür aber hat jeder am andern einen Spiegel, in welchem er seine eigenen Laster, Fehler, Unarten und Widerlichkeiten jederart deutlich erblickt.

Wie der Hund, der sein Spiegelbild anbellt?

Wer andre bekrittelt, arbeitet an seiner Selbstbesserung.

Denn sonst?

Wie man das Gewicht seines eigenen Körpers trägt, ohne es, wie doch das jedes fremden, den man bewegen will, zu fühlen, so bemerkt man nicht die eigenen Fehler und Laster.

Andererseits sind wir doch voll Neugier.

So unempfänglich und gleichgültig die Leute gegen allgemeine Wahrheiten sind, so erpicht sind sie auf individuelle.

Wie aber kommen wir weg von Trugbildern und hin zur Wahrheit?

Das Erste, was die Erfahrung zu tun vorfindet, ist uns von den Hirngespinsten und falschen Begriffen zu befreien.

Eine Quelle wahrer Weltklugheit.

Bei allem, was jetzt stattfindet, sofort das Gegenteil davon imaginieren.

Wissend . . .

. . . dass der Irrtum stets aus dem Schluss von der Folge auf den Grund entsteht.

Und bedenkend . . .

Es gibt etwas Weiseres in uns, als der Kopf ist.

Was für den Leib die Wärme, das ist für den Geist das wohltuende Gefühl der Überlegenheit.

Und sich nicht mit den niederen Naturen gemein machen?

Ein Mann von richtiger Einsicht unter den Betörten gleicht dem, dessen Uhr richtig geht, in einer Stadt, deren Turmuhren alle falsch gestellt sind.

Und wenn seine falsch geht?

Am besten daran ist, der nur auf sich selbst gerechnet hat und sich selber alles in allem sein kann.

Ehrlich?

3.

Vom Leben und den Lebensweisheiten

Leben ist Bewegung.

Ja, schon Aristoteles.

So verlangt auch unser inneres, geistiges Leben fortwährend Beschäftigung, Beschäftigung mit irgendetwas, durch Tun oder Denken.

Manche trommeln mit den Fingern auf den Tisch.

Man sollte beständig die Wirkung der Zeit und die Wandelbarkeit der Dinge vor Augen haben.

Der Wechsel allein ist das Beständige.

Was also tun?

Der Kluge ist der, welchen die scheinbare Stabilität nicht täuscht.

Aber sieht er die Richtung voraus?

Unfälle, große und kleine, sind das eigentliche Element unsers Lebens.

Wie werden wir damit fertig?

Die kleinen Unfälle, die uns stündlich vexieren, kann man betrachten als bestimmt, uns in Übung zu erhalten, damit die Kraft, die großen zu ertragen, im Glück nicht ganz erschlaffe.

Des sollte man stets gewärtig sein.

Was aber die Leute gemeiniglich das Schicksal nennen, sind meistens nur ihre eigenen dummen Streiche.

Und sie werden gebüßt.

Das Schicksal mischt die Karten und wir spielen.

Wir spielen?

Das Schicksal packt uns unsanft an und belehrt uns, dass nichts unser ist, sondern alles sein.

Mit seinem Recht auf all unseren Besitz.

Der Tor läuft den Genüssen des Lebens nach und sieht sich betrogen: Der Weise vermeidet die Übel.

Und am Ende . . .

Demnach soll auch der, welcher das Resultat seines Lebens, in eudämonologischer Rücksicht, ziehen will, die Rechnung nicht nach den Freuden, die er genossen, sondern nach den Übeln, denen er entgangen ist, aufstellen.

Denn?

Die allermeisten Herrlichkeiten sind bloßer Schein, wie die Theaterdekoration.

Eine gleißnerische Welt.

Aber die Freude ist daselbst meistens nicht zu finden: Sie allein hat beim Feste abgesagt.

Sie kommt eher angeschlichen. Demnach . . .

. . . ist es geraten, seine Ansprüche auf Genuss, Besitz, Rang, Ehre u. s. f. auf ein ganz Mäßiges herabzusetzen.

Weil . . .

. . . gerade das Streben und Ringen nach Glück, Glanz und Genuss es ist, was die großen Unglücksfälle herbeizieht.

Und was hilft da?

Vorzügliche und edle Menschen werden jener Erziehung des Schicksals bald inne und fügen sich bildsam und dankbar in dieselbe: Sie sehen ein, dass in der Welt wohl Belehrung, aber nicht Glück zu finden sei, werden es sonach gewohnt und zufrieden, Hoffnungen gegen Einsichten zu vertauschen.

Das gilt es zu lernen, so schon Petrarca.

Viele leben zu sehr in der Gegenwart: die Leichtsinnigen. – Andere zu sehr in der Zukunft: die Ängstlichen und Besorglichen. Selten wird einer genau das rechte Maß halten.

Eher wie Buridans Esel zwischen beiden schwanken.

Jede Beschränkung hingegen, sogar die geistige, ist unserm Glücke förderlich.

Und so bleibt,

. . . dass erst nachdem der Mensch aus allen möglichen Ansprüchen herausgetrieben und auf das nackte, kahle Dasein zurückgewiesen ist, er derjenigen Geistesruhe teilhaft wird, welche die Grundlage des menschlichen Glückes ausmacht.

Das Lob der Ruhe.

Je weniger Erregung des Willens, desto weniger Leiden.

Und bewusst erleben?

Aber wir verleben unsre schönen Tage, ohne sie zu bemerken: Erst wann die schlimmen kommen, wünschen wir jene zurück.

Dabei . . .

. . . sollten wir nie vergessen, dass die Gegenwart allein real und allein gewiss ist, hingegen die Zukunft fast immer anders ausfällt, als wir sie denken, ja, auch die Vergangenheit anders war, und zwar so, dass es mit beiden, im Ganzen, weniger auf sich hat, als es uns scheint.

Je enger unser Gesichtskreis, desto glücklicher.

Alle Beschränkung beglückt.

Auch im Wissen!

Denn die Übel sind entweder bloß möglich, allenfalls wahrscheinlich, oder sie sind zwar gewiss, allein ihre Eintrittszeit ist völlig ungewiss.

Wie wir uns da beruhigen.

Um mit vollkommener Besonnenheit zu leben und aus der eigenen Erfahrung alle Belehrung, die sie enthält, herauszuziehen, ist erfordert, dass man oft zurückdenke und was man erlebt, getan, erfahren und dabei empfunden hat, rekapituliere.

Erfahrungsschatz plus das Denken also.

Viel Nachdenken und Kenntnisse, bei wenig Erfahrung, gleicht den Ausgaben, deren Seiten zwei Zeilen Text und vierzig Zeilen Kommentar darbieten.

Viel Erfahrung, bei wenig Nachdenken und geringen Kenntnissen, gleicht den bipontinischen Ausgaben, ohne Noten, welche vieles unverstanden lassen.

Also doch beides?

Wer im Getümmel der Geschäfte oder Vergnügungen, dahinlebt, ohne je seine Vergangenheit zu ruminieren, vielmehr nur immerfort sein Leben abhaspelt, dem geht die klare Besonnenheit verloren.

Sich selber genügen, sich selber alles in allem sein, und sagen können omnia mea mecum porto, ist gewiss für unser Glück die förderlichste Eigenschaft.

Wie Goethe: Ich hab mein Sach auf nichts gestellt.

Öfter fragen: Wie, wenn das nicht mein wäre?

Zeigt den Wert dessen, was man hat.

Meistens belehrt erst der Verlust uns über den Wert der Dinge.

Aber ist nicht Geselligkeit auch ein Wert?

Zwang ist der unzertrennliche Gefährte jeder Gesellschaft.

Die sogenannte gute Sozietät lässt Vorzüge aller Art gelten, nur nicht die geistigen, diese sind sogar Kontrebande.

Eingeschmuggelt und destruktiv? Sind wir nicht soziale Wesen?

So eng auch Freundschaft, Liebe und Ehe Menschen verbinden, ganz ehrlich meint jeder es am Ende doch nur mit sich selbst und höchstens noch mit seinem Kinde.

Oh.

Am besten daran ist, der nur auf sich selbst gerechnet hat und sich selber alles in allem sein kann.

Der Lohn des Privatissimums.

Noch kommt hinzu, dass, was wirklichen Wert hat, in der Welt nicht geachtet wird, und was geachtet wird, keinen Wert hat.

Aber wir sollten auch bedenken,

. . . dass jedoch ein kleiner, an der rechten Stelle angebrachter Selbstzwang nachmals vielem Zwange von außen vorbeugt.

Der Zwang von außen ist ohne Rücksicht, ohne Schonung und unbarmherzig.

Die Welt im Argen:

Die Wilden fressen einander und die Zahmen betrügen einander, und das nennt man . . .

. . . den Lauf der Welt.

Sind nicht fast alle Kriege im Grunde Raubzüge?

Verlieren wir uns im Allgemeinen? Bitte noch etwas zum persönlichen Umgang.

Höflichkeit ist Klugheit, folglich ist Unhöflichkeit Dummheit.

Ja, aber.

Wir sollten uns gegenwärtig erhalten, dass die gewöhnliche Höflichkeit nur eine grinsende Maske ist.

So etwas wie Verstellung und Lüge.

Wenn man argwöhnt, dass einer lüge, stelle man sich gläubig, da wird er dreist, lügt stärker und ist entlarvt.

Ein praktischer Ratschlag?

Überhaupt ist es geratener, seinen Verstand durch das, was man verschweigt, an den Tag zu legen, als durch das, was man sagt.

Wenn ich mein Geheimnis verschweige, ist es mein Gefangener, lasse ich es entschlüpfen, bin ich sein Gefangener.

Fazit!

Am Baume des Schweigens hängt seine Frucht, der Friede.

Und die menschliche Natur, ist sie denn mit dem Stocke auszutreiben?

Man soll nicht denken, es sei unmöglich, im Weltleben sein Benehmen nach abstrakten Regeln und Maximen zu leiten.

Doch kommt die Natur von hinten zurück.

Alles Handeln nach abstrakten Maximen verhält sich zum Handeln aus ursprünglicher, angeborener Neigung wie ein menschliches Kunstwerk.

Allerdings darf keiner sich unbedingt den Zügel schießen lassen und sich ganz zeigen.

Das sollte sich schon am Tageslauf zeigen.

Der Morgen ist die Jugend des Tages: Alles ist heiter, frisch und leicht.

Man soll ihn nicht durch spätes Aufstehen verkürzen.

Denn . . .

Jeder Tag ist ein kleines Leben, – jedes Erwachen und Aufstehen eine kleine Geburt, jeder frische Morgen eine kleine Jugend, und jedes zu Bette Gehen und Einschlafen ein kleiner Tod.

Oh.

Wie die Dunkelheit uns furchtsam macht und uns überall Schreckensgestalten erblicken lässt, so wirkt, ihr analog, die Undeutlichkeit der Gedanken.

Uns alle und überall?

Am meisten ist dies der Fall nachts, im Bette, als wo der Geist völlig abgespannt und daher die Urteilskraft ihrem Geschäfte gar nicht mehr gewachsen, die Phantasie aber noch rege ist.

Und dennoch.

Der Schlaf ist für den ganzen Menschen was das Aufziehen für die Uhr.

Der Schlaf ist ein Stück Tod.

Aber erneuert doch?

Der Schlaf borgt vom Tode zur Aufrechthaltung des Lebens. Er ist der einstweilige Zins des Todes.

Noch ein paar Weisheiten, bitte.

Wie unser Leib in die Gewänder, so ist unser Geist in Lügen verhüllt.

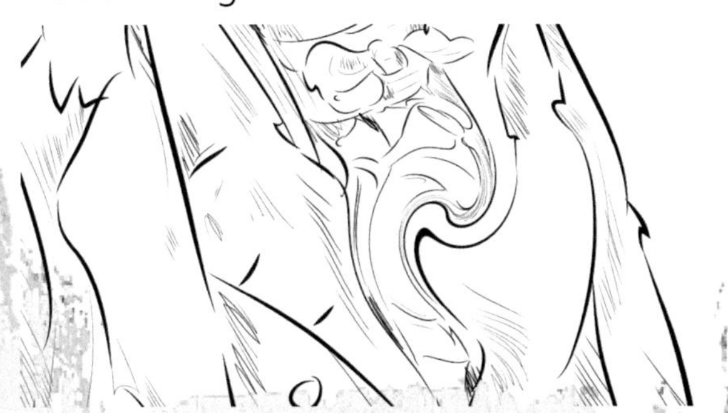

Erst durch diese Hülle hindurch kann man bisweilen unsere wahre Gesinnung erraten, wie durch die Gewänder hindurch die Gestalt des Leibes.

Soziales.

Die geistige Überlegenheit verletzt durch ihre bloße Existenz.

Und Persönliches.

Wir müssen gleichsam Schiebfächer unserer Gedanken haben, von denen wir eines öffnen, derweilen alle andern geschlossen bleiben.

Dadurch erlangen wir, dass nicht eine schwer lastende Sorge jeden kleinen Genuss der Gegenwart verkümmere und uns alle Ruhe raube.

Friedrich der Große hat angeblich versucht, sich das Schlafen abzugewöhnen.

Der Wahn von einer immateriellen, einfachen, wesentlich und immer denkenden, folglich unermüdlichen Seele, die da im Gehirn bloß logierte, und nichts auf der Welt bedürfte, hat gewiss manchen zu unsinnigem Verfahren und Abstumpfung seiner Geisteskräfte verleitet.

Realistischer.

Man soll sich gewöhnen, seine Geisteskräfte durchaus als physiologische Funktionen zu betrachten, um danach sie zu behandeln.

Alles Unangenehme soll man vielmehr höchst prosaisch und nüchtern auffassen, damit man es möglichst leicht nehmen könne.

Das Gehirn denkt, wie der Magen verdaut.

Tiefe Wahrheiten nämlich lassen sich nur erschauen, nicht errechnen.

Überhaupt aber ergeht es uns im Leben wie dem Wanderer, vor welchem, indem er vorwärts schreitet, die Gegenstände andere Gestalten annehmen, als die sie von ferne zeigten.

Wie der Wanderer erst, wenn er auf einer Höhe angekommen ist, den zurückgelegten Weg, mit allen seinen Wendungen und Krümmungen, im Zusammenhange überblickt und erkennt, so erkennen wir erst am Ende einer Periode unseres Lebens, oder gar des Ganzen, den wahren Zusammenhang unserer Taten, Leistungen und Werke, die genaue Konsequenz und Verkettung, ja, auch den Wert derselben.

Nehmt die gute Stimmung wahr.
Denn sie kommt so selten.

4.

Vom Lauf des Lebens

Das menschliche Leben ist eigentlich weder lang, noch kurz zu nennen, weil es im Grunde das Maß ist, wonach wir alle anderen Zeitlängen abschätzen.

Zum Beispiel?

Die Stunden des Knaben sind länger, als die Tage des Alten.

Von innen gesehen, eben. Und weil wenig auf Wiederholung ruht.

In der Jugend herrscht die Anschauung, im Alter das Denken vor. Daher ist jene die Zeit für Poesie, dieses mehr für Philosophie.

Alles neu und oft zum ersten Mal gesehen.

Die ersten vierzig Jahre unsers Lebens liefern den Text, die folgenden dreißig den Kommentar dazu.

Das lehrt uns auch ein besseres Verstehen.

Der Jüngling meint, dass Wunder was in der Welt zu holen sei, wenn er nur erfahren könnte, wo.

Und für den Alten alles eitel?

Die Jugend ist die Zeit der Unruhe, das Alter die der Ruhe.

Also zu beider Wohlbehagen.

Gegen das Ende des Lebens nun gar geht es wie gegen das Ende eines Maskenballs, wann die Larven abgenommen werden.

Man sieht klar. Alle Trugbilder zerfallen.

Sogar ließe sich behaupten, dass die mannigfaltigen und endlosen Grillen, welche der Geschlechtstrieb erzeugt, und die aus ihnen entstehenden Affekte, einen beständigen, gelinden Wahnsinn im Menschen unterhalten.

Sorry, alt und abgefuckt!

. . . dass die Jugend noch unter der Herrschaft, ja dem Frondienst jenes Dämons steht.

Und eingetauscht gegen . . .

Das Alter aber hat die Heiterkeit dessen, der eine lange getragene Fessel los ist.

Der eigentliche Kern des Lebens verzehrt und nur noch die Schale desselben vorhanden!

Der Grundcharakterzug des höhern Alters ist das Enttäuschtsein: Die Illusionen sind verschwunden.

Wenigstens hat man diese Illusion.

Man hat das Nichtige und Leere aller Herrlichkeiten der Welt, zumal des Prunkes, Glanzes und Hoheitsscheins erkannt.

Und das gibt dem Alter auch einen gewissen grämlichen Anstrich.

Die Abnahme der Körperkräfte schadet wenig, wenn man ihrer nicht zum Erwerbe bedarf.

So kann das Alter ein sehr erträglicher Teil des Lebens sein.

Von der Venus entlassen, wird man gern eine Aufheiterung beim Bacchus suchen.

Auf jeden Fall.

Was einer „an sich selbst hat", kommt ihm nie mehr zu Gute als im Alter.

Eine zweite Kindheit.

Zu solchen Greisen zu reden, ist wie in den Sand zu schreiben.

Der Eindruck verlischt unmittelbar darauf.

Der Grundunterschied zwischen Jugend und Alter bleibt immer, dass jene das Leben im Prospekt hat, dieses den Tod.

Lange Vergangenheit und kurze Zukunft.

Allerdings hat man, wann man alt ist, nur noch den Tod vor sich.

Fraglich, ob das Leben eine Sache sei, die man besser hinter sich als vor sich hat.

Der Tag des Todes ist besser denn der Tag der Geburt.

Ein sehr langes Leben zu begehren, ist jedenfalls ein verwegener Wunsch.

Dies hier ist nicht Astrologie oder irgendwie vorherbestimmt. Aber den Lebenslauf kann man als beherrscht von den Planeten-Göttern bestimmt sehen.

Mit dem zwanzigsten Jahre die Herrschaft der Venus.

Schön und scharf

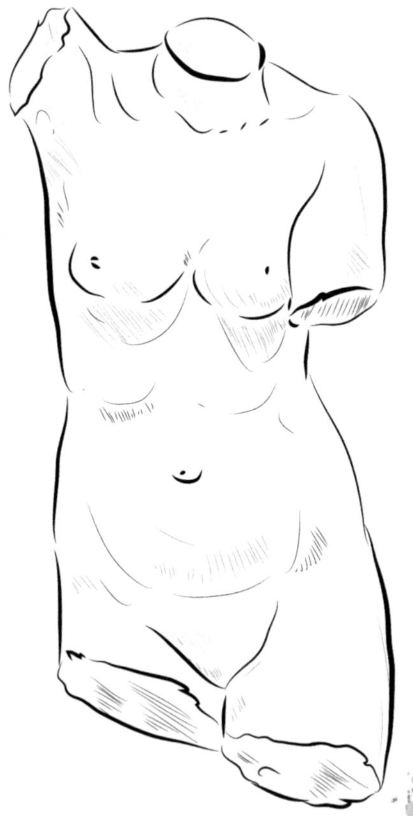

Im dreißigsten Lebensjahre herrscht Mars.

Kühn und kriegerisch

Im fünfzigsten Jahre herrscht Jupiter.

Anerkannt, aber alt.

Dann aber folgt, im sechzigsten Jahre,
Saturn und mit ihm die Schwere,
Langsamkeit und Zähigkeit des Bleies.

Lahm und langsam

Zuletzt kommt Uranus: Da geht man, wie es heißt, in den Himmel.

Elend und entmannt

EINSAM – ein Schopenhauer-Schlüsselwort und was dranhängen könnte.

Und was auch für Schopenhauer gelten könnte.

verbittert
unverstanden
verlassen
einsam
depressiv alleine
isoliert
traurig
fühlen
verzweifeln
allein
unglücklich
schrecklich

EINSAMKEIT – Was könnte sie bedeuten?

Und bedeutet sie das für Schopenhauer?

Depression Sehnsucht
Verlassenheit
Stille
Verzweiflung Melancholie
Einsamkeit
Armut Langeweile
Trauer
Angst

Verlorenheit
Isolation
Leere Liebe

SCHICKSAL – ein Schlüsselwort.

Was hängt alles dran für uns Menschen?

erleiden überlassen

Schicksal

unabwendbar

traurig grausam

ungewiss

hadern

widerfahren

gebeutelt

ereilen

REICHTUM – Was könnte dranhängen?

gelangt

unermesslich Ruhm

sagenhaft

Reichtum

ungeheuer

Ansehen Wohlstand

mehren

immens

Macht

materiell

RUHM – noch ein Schlüsselwort und was dranhängen könnte.

ohne
vergänglich

ernten
erlangen mit
zweifelhaft
mehren
genießen Ehre
Reichtum
traurig
Anerkennung
Ruhm
verblassen

NATUR – Was könnte dranhängen?

Besonders auch die menschliche.

pur

Wunder
Natur
frei
rein
Laune
Mensch
Schönheit
Umgang
Kultur
Sache

Kreislauf
menschlich